ELOGE

DE MONSEIGNEUR

LE DAUPHIN,

PERE DE LOUIS XVI.

EXTRAIT DU CATALOGUE
DES LIVRES
Qui se trouvent chez MÉQUIGNON l'aîné.

ERASTE, ou l'Ami de la Jeunesse ; Entretiens familiers, dans lesquels on donne aux jeunes gens de l'un & l'autre sexe, des notions suffisantes sur la plupart des connoissances humaines, &c. par M. Fillassier, Membre de plusieurs Académies ; troisième édition, *in-8°.* relié,   6 l.

Culture de la grosse Asperge, dite de Hollande, par le même, brochure *in-12.*   15 f.

Dictionnaire historique d'éducation, *in-8°.* 2 vol.   10 l.

Dictionnaire historique des Cultes Religieux de tous les Peuples du Monde, nouvelle édit. 3 vol. *in-8°.* fig.   15 l.

Dictionnaire des Artistes, *in-8°.* 2 vol. reliés,   10 l.

Nouveau Dictionnaire historique des Grands Hommes, *in-8°.* 6 vol. reliés,   36 l.

Dictionnaire d'Histoire Naturelle, par M. Valmont de Bomare, *in-4°.* 6 vol. reliés,   72 l.

Le même, *in-8°.* 9 vol. reliés ;   54 l.

Testament spirituel, ou derniers Adieux d'un Père mourant à ses Enfans, *in-12*, relié,   3 l.

Observations sur différens moyens propres à combattre les fièvres putrides & malignes, & à préserver de leur contagion ; seconde édit. brochure *in-8°.*   1 l. 10 f.

Dictionnaire portatif de Santé, *in-8°.* 3 vol. reliés,   15 l.

Tome III dudit, séparément, *in-8°.* relié,   5 l.

ELOGE

DE MONSEIGNEUR

LE DAUPHIN,

PERE DE LOUIS XVI.

Par M. FILLASSIER, des Académies
royales d'Arras, de Toulouse, de Lyon,
de Marseille, &c.

Il fut homme de bien, fans vouloir le paroître.

Se trouve

A PARIS,

Chez Méquignon l'aîné, Libraire, rue des
Cordeliers, vis-à-vis S. Côme.

M. DCC. LXXIX.

ELOGE
DE MONSEIGNEUR
LE DAUPHIN,
PERE DE LOUIS XVI.

Esse, quàm videri, bonus malebat.
SALLUST. *Bel. Catil. c. 41.*

PLUS la vertu est pure, moins elle cherche à se montrer. Semblable au Tout-Puissant, qui cache, en quelque façon, l'ineffable éclat de sa souveraine Majesté sous le voile de ses œuvres, l'Homme de bien s'enveloppe, pour ainsi dire, de son propre mérite ; &, content de plaire à celui *qui voit dans le secret*, & qui peut seul *Matth.* couronner les vertus qu'il inspire, il se dérobe, *6. 6.* autant qu'il est en lui, par une conduite uniforme & paisible, aux regards de la multitude, dont le

A

futile fuffrage ne fauroit le toucher. Bien différent de ces prétendus Sages, qui femblent n'adopter le langage & les livrées de la Philofophie, que pour en impofer au ftupide vulgaire, acquérir une réputation frivole, exciter une admiration vaine, & qui ne tarderoient point à dépouiller ce fimu-lacre trompeur, fi, ne pouvant plus le donner en fpectacle, il ceffoit d'être utile à leur intérêt ou à leur amour-propre ; le véritable Philofophe, vertueux dans la folitude même la plus profon-de, méprife & fuit les applaudiffemens, couvre toutes fes actions d'une prudente obfcurité, fait le bien fans éclat, pour le plaifir de le faire, fans recourir à cet art féducteur de pallier l'or-gueil des fauffes vertus par les dehors d'une feinte modeftie ; &, tandis qu'il marche fans bruit dans les fentiers pénibles de la Sageffe, ne recher-chant d'autre témoin que le Dieu qui le foutient, n'ayant d'autre ambition que celle d'arriver à la fource de toutes les vertus, ne fe propofant d'au-tre gloire que celle de les avoir fidèlement pra-tiquées, & ne defirant d'autre récompenfe que celle qui les attend dans un féjour plus heureux, il dédaigne également & les aveugles éloges, & les ridicules préventions des Enfans du fiècle. Ne tenant plus aux hommes que par les liens facrés de la bienfaifance, fenfible à tous leurs maux, fans partager aucune de leurs folles joies, il n'eft jaloux que de contribuer à leur bonheur, prêt à facrifier pour eux, s'il eft néceffaire, fes biens, fa vie, fa réputation même, qu'un grand cœur eftime plus que la vie; tout enfin, excepté fa vertu.

QUE fi l'éternelle Providence le place dans un rang qui l'élève au deffus de tous les autres hommes, il n'en rejettera pas le fardeau, car la vertu l'oblige à fe tenir dans le pofte où l'appelle l'ordre fuprême du Roi des Rois; mais, auffi modefte dans la grandeur qu'il l'eût été dans la médiocrité, toujours vertueux fans fafte, toujours femblable à lui - même, il foutiendra le poids de la profpérité avec le même courage, avec la même fimplicité qu'il eût fupporté celui des difgraces. Jamais la coupe empoifonnée des voluptés mondaines n'approchera de fes lèvres pures, jamais leurs perfides douceurs ne féduiront fon ame : eh ! qu'iroit chercher la licence à la cour d'un Sage, dont l'unique plaifir eft d'aimer un *Dieu Saint*, de chérir fes frères, de protéger les mœurs & les lois, & de faire régner *Apoc.* *4. 8.* avec lui la bienfaifance & l'aimable candeur des premiers âges? S'il ne peut réprimer la diffolution par fon autorité, au moins en retardera-t-il les progrès par fes exemples, & bientôt les fujets rougiront d'être moins hommes de bien que leur Prince. Ces vils adulateurs, fléaux des Monarques & des Peuples, plus redoutables que les guerres & les famines, s'éloigneront de fon Palais, comme d'un formidable Sanctuaire, où la vérité feule aura droit de fe montrer, & dont l'accès ne sera permis qu'au petit nombre de ces ames fortes qui ont le courage de la dire, lors même qu'elle semble blesser celui qui doit l'entendre. Grand jusque dans les moindres choses, mais sans affectation ; pratiquant toutes les vertus comme on suit un penchant naturel, mais leur imprimant, sans y penser, cette douce majesté qui fait qu'on les respecte dans un particulier, & qui engage à les imiter quand elles brillent dans un Prince ; ami de la justice & de la paix, terrible aux méchans, affable aux bons, soutien de l'innocence, père des malheureux ; il montrera ce qu'on doit attendre d'un homme de bien, aidé d'un grand pouvoir.

O VOUS, qui serez long-temps l'objet de nos regrets, PRINCE CHÉRI, dont la mémoire nous fait encore verser de justes larmes, hélas ! peut-on peindre le véritable Sage, sans se rappeler vos vertus ? Peut-on chercher le nom d'un Prince homme de bien, sans prononcer aussitôt le vôtre ? Auguste DAUPHIN, vous fûtes le tendre espoir des François : vous en serez à jamais le modèle ; & le tableau de votre vie, sacrifiée toute entière à l'étude & à la pratique de la Sagesse & de la Religion, passant de race en race, comme un héritage précieux, sera, dans toute la durée de cette florissante Monarchie, pour nos Rois & leurs Peuples, une éloquente & fructueuse leçon !

EN essayant aujourd'hui d'en présenter les

principaux traits, je confulte mon zèle plus que mes talens. Auffi mon ambition n'eft-elle pas de l'emporter fur ces glorieux Rivaux qui, cédant au vœu des Sages Citoyens qui les excitent, fe difputeront l'honneur d'avoir rendu le plus bel hommage aux rares qualités de TRÈS-HAUT, TRÈS-PUISSANT & TRÈS-EXCELLENT PRINCE, MONSEIGNEUR LOUIS, DAUPHIN, PÈRE DU ROI. C'eft-à eux qu'il appartient de déployer toutes les richeffes d'un art qui leur eft familier; & j'euffe mieux fait, fans doute, d'applaudir en filence aux fuccès de leurs efforts. Mais la grandeur du fujet a féduit ma foibleffe, & me fervira d'excufe. Auffi fimple que mon Héros, je me contenterai de choifir & de raconter, fans art, celles de fes actions qui le caractérifent le mieux; &, fi mes Juges ne me décernent point la couronne d'Orateur, peut-être ne me refuferont-ils pas celle de bon Citoyen.

SI J'AVOIS à célébrer un de ces Princes vulgaires, qui n'ont d'autre recommandation que leur rang & la nobleffe de leurs Ancêtres, j'emploierois l'adreffe de ce Poëte ancien *, qui, trouvant la victoire d'un Athlète trop peu digne de fes chants, confacra la moitié de l'éloge aux Divinités du Gymnafe. Et quelle vafte carrière ouvriroit à l'éloquence l'augufte & antique Maifon qui nous gouverne ? O mes Compatriotes !

---

* SIMONIDES, v. *Phæd. Fab. L. 4, f. 22.*

avec quel intérêt rappelleriez-vous à votre mémoire le doux souvenir de cette longue & majef-
tueuse suite de Monarques-citoyens, dont la valeur & la sagesse ont fait, dans tous les temps,
la gloire & le bonheur de la Patrie ? Mais le
moindre mérite du DAUPHIN est de ne compter
que des Rois, & de grands Rois, parmi ses aïeux.
Né pour régner sur un vaste Empire, il joignoit
à la bonté de LOUIS LE BIEN-AIMÉ, la bienfaifance de STANISLAS, la piété sincère de MARIE
LECZINSKA ; & si le Ciel, l'enviant, pour ainsi
dire, à la terre, ne lui eût réservé un diadême
plus durable que les sceptres fragiles de ce monde, il eût, sur le trône, effacé CHARLEMAGNE,
égalé LOUIS XII, HENRI IV, LOUIS XIV, &
marché sur les traces de SAINT LOUIS, dont il
ne se glorifioit de descendre que pour l'obligation
de l'imiter (1).

SA NAISSANCE paroît un prodige, & semble
un bienfait particulier de la Providence (2).
Par quels transports d'alégresse la Nation & les
Etrangers mêmes ne signalèrent-ils pas le jour
où l'heureuse nouvelle qu'il étoit né un Fils à
LOUIS XV se répandit dans toute l'Europe ? Cet
Enfant de bénédiction, durant quatre ans l'objet
des vœux de la Patrie, devint celui de son espé-
rance; & ses augustes Parens répondirent, & don-
nèrent un nouveau degré d'énergie à l'espoir de la
France, en confiant sa première éducation à l'illuf-

tre Ducheſſe de VENTADOUR, plus recommandable encore par ſes vertus que par ſes titres (3).

L'ENFANCE de l'Héritier d'un Trône puiſſant, fixe toute l'attention du Peuple qui doit un jour l'avoir pour Maître. On ſuit, avec intérêt, le développement de ſon eſprit, & preſque celui de ſes organes ; on recueille, avec ſoin, ſes expreſſions ſouvent même les plus indifférentes ; on apprécie les plus ſimples mouvemens de ſon cœur, & juſqu'aux jeux naïfs de ſon âge ; &, dans tout ce qui lui échappe, l'inquiétude publique cherche quel ſera ſon caractère, & ce qu'on en doit attendre ou craindre. O vous, témoins fidèles des premières années du DAUPHIN, quand vous préſagiez ce qu'il ſeroit dans la ſuite, en voyant ce qu'il étoit alors, vos conjectures ne vous ont point trompés ! Lorſque, balbutiant à peine, il s'agitoit à la vue d'un pauvre, dont l'éloquente miſère lui faiſoit éprouver les premières émotions de cette ſenſibilité toujours active, qui ne lui permit jamais de laiſſer l'infortuné ſans ſecours ; ou quand, voyant paſſer cet Officier dont la fortune ne répondoit point au courage, il lui donnoit, ſans compter, tout l'argent & les bijoux qu'il portoit ſur lui ; ou quand, trompant la vigilance de ſon Gouverneur, qui avoit cru devoir mettre des bornes à l'excès de ſes libéralités, il gliſſoit avec adreſſe un louis ſous l'écu qu'il lui étoit permis de donner à l'indigent, contractant dès-lors l'heureuse habitude de cacher ses bonnes œuvres ; ou enfin, lorsque, craignant les regards sévères de ce même Gouverneur, il indiquoit tout bas à une pauvre femme, dont le triste état l'avoit vivement touché, l'heure & le lieu où il pourroit la soulager selon ses desirs, vous prévîtes qu'il seroit aumônier, sensible & libéral ; & il le fut (4). Les larmes abondantes qu'il répandit lorsqu'il fallut quitter la Duchesse de VENTADOUR pour passer sous la conduite du Comte de CHATILLON, à qui le ROI venoit de confier sa jeunesse (5) ; la tristesse amère qu'il ressentit durant plusieurs jours après cette séparation, qui lui sembloit cruelle ; la manière gracieuse dont il accueillit ses nouveaux guides, & la respectueuse confiance qu'il leur donna, vous firent augurer qu'il sentiroit le prix des services, & qu'il seroit reconnoissant ; & il le fut. L'application & le zèle avec lesquels il remplissoit les devoirs que la Religion prescrit, son horreur pour le mensonge, son aversion pour le vice, son ardeur pour s'instruire, ses questions fréquentes qui souvent étonnoient, par leur justesse & leur profondeur, ceux mêmes qui pouvoient le mieux y répondre, la gaieté naïve de son caractère, ses reparties fines & agréables, ses manières affables & prévenantes, tout en lui vous annonçoit qu'il seroit à-la-fois pieux & savant, vertueux & débonnaire, ami de la franchise & de la vérité ; & il le fut. Que dis-je ? n'a-t-il pas surpassé votre attente ?

Quoique le Dauphin fe portât naturel-
lement à la vertu, il eut néanmoins de grands
défauts à combattre ; mais à peine fut-il en état
de les connoître, qu’il s’appliqua tout entier à
s’en corriger, & fes qualités acquifes n’en dè-
vinrent que plus folides. Augustes Princeffes, que
les liens du fang, & plus encore ceux de l’a-
mitié lui rendoient chères, vous eûtes part aux
victoires que ce jeune Prince remportoit fur lui-
même ; il dut à vos exemples & à la douceur de
vos avis, autant qu’à fon heureux naturel & à fes
propres efforts, fes premiers fuccès dans la carrière de la vertu. Et pourra-t-on jamais oublier
ce concordat auffi fage qu’extraordinaire, par
lequel vous conveniez de vous avertir mutuellement de vos défauts, & de vous dire des vérités, que la flatterie avoit intérêt de taire (6) ?
Jeuneffe licencieufe & indocile, puiffe un tel
exemple vous confondre & vous toucher ! Ap-
prenez des Enfans des Rois qu’on ne parvient à
la véritable fageffe, qu’en foumettant de bonne
heure fes paffions au joug falutaire de la raifon ;
qu’il faut combattre pour être vertueux, qu’il
faut de la vigilance & du courage pour réformer
fes penchans déréglés, & que, pour trouver la
vérité, il faut, en quelque forte, aller au devant
d’elle. Rien ne put arrêter le Dauphin & fes
vertueufes Sœurs dans cette grande & utile recher-
che : ni les délices de la Cour, ni les trompeufes
careffes de l’adulation, ni l’orgueil de leur rang.

Ces auguftes Enfans n'avoient pas encore atteint leur troifième luftre, que déja depuis long-temps ils penfoient & agiffoient en hommes faits, ne connoiffant d'autres plaifirs que ceux que procure la vertu, n'ayant d'autre ambition que de l'acquérir, ne fe croyant heureux qu'en la pratiquant à l'envi l'un de l'autre ; & le prix de cette émulation fainte furent une union douce & une confiance fans bornes, qui ne fe démentirent jamais, & que rien ne put altérer.

Je ne parlerai point des premières études du Dauphin. On reconnut bien qu'il avoit une imagination vive, une conception rapide, un efprit jufte, un jugement profond & folide, une mémoire facile & fidèle, un goût fain & fûr, &, par deffus tout, une extrême horreur de l'ignorance ; mais l'impétuofité de fon caractère & la légéreté de l'âge retardèrent pour un temps les progrès que lui promettoient ces heureufes difpofitions. La gloire de fe former lui-même lui étoit réfervée ; & le principal fruit qu'il retira de fon éducation, fut de fentir qu'elle n'avoit été qu'une préparation à de plus grandes chofes, & qu'il avoit befoin, comme il le difoit, *de la reprendre fous œuvre.*

Le moment où un jeune Prince quitte la main des Sages qui dirigeoient fes premiers pas, pour marcher fous fes propres aufpices, eft, de toute ſa vie, l'époque la plus critique. Affranchi de cette utile dépendance, qui ſouvent lui ſembloit odieuſe parce qu'il n'en pouvoit connoître encore les avantages, la périlleuſe liberté dont il commence à goûter les douceurs, peut lui être funeſte. Un Navire qui, ſans mât, ſans voiles & ſans Pilote, vogue, au milieu des écueils, ſur une mer orageuſe, eſt environné de moins de dangers. Tout conſpire à étouffer dans ſon cœur les ſemences du bien qu'on y a jetées. Ici, la volupté lui tend des pièges ſéducteurs, & couvre de fleurs ſon perfide poiſon; là, les flatteurs enivrent ſon ame d'un encens qu'il n'a point mérité, &, exagérant les foibles ſuccès de ſon enfance, ils lui perſuadent qu'il n'a plus rien à faire, que ſon rang le diſpenſe de la néceſſité du travail; qu'il eſt temps, qu'il doit ſe hâter de jouir. De tous côtés, les hommages qu'il reçoit, les applaudiſſemens qu'on lui prodigue, l'eſpèce de culte qu'on rend au haſard de ſa naiſſance, le portent à ſe regarder comme un être privilégié, élevé au deſſus de la Nature, & pour qui ſeul elle répand ſes bienfaits. Que dirai-je de plus? cette plante chérie, qui ne paroiſſoit croître que pour faire la gloire & la félicité du Cultivateur, dégénérant de jour en jour, ceſſe bientôt d'être reconnoiſſable, & l'objet des eſpérances de la Patrie devient celui de ſes craintes.

Françoiſ, vous n'eûtes point à redouter dans

votre DAUPHIN, cette trifte révolution! A peine
ce jeune Prince fut-il livré à lui-même, qu'on le
vit s'attacher plus fortement à la pratique de la
vertu, comme à une ancre falutaire qui pouvoit
feule le préferver du naufrage ; & loin de s'aban-
donner à cette honteufe indolence, mère de tous
les vices, & compagne trop ordinaire de la Grandeur, il voulut, par fes talens, égaler fa naif-
fance, & mériter, par fes lumières, de commander à des Hommes.

JE ferois infini, fi j'entreprenois de décrire
en détail les travaux multipliés que s'impofa le
DAUPHIN, fes vaftes études, fes immenfes re-
cherches, fes méditations profondes fur tous les
objets des connoiffances humaines. Et dans les
Ecrits qu'il a laiffés, immortels & précieux mo-
numens, où le rare favoir, le génie élevé, les
grandes vues & la belle ame de ce bon Prince
fe peignent à chaque page, &, pour ainfi dire,
à chaque ligne, n'a-t-il pas montré, mieux que
je ne pourrois faire, qu'aucune fcience ne lui
étoit étrangère, & qu'il s'étoit perfectionné dans
toutes, au point d'étonner, & d'inftruire même
quelquefois les Maîtres les plus habiles ? Je ne
dirai donc point qu'il poffédoit parfaitement plufieurs Langues anciennes & modernes, qu'il avoit
enrichi fa mémoire des plus beaux morceaux répandus dans les Ouvrages des Poëtes Latins,
François & Etrangers ; que les Ecrits de nos plus

célèbres Orateurs lui étoient familiers, & qu'il pouvoit lui-même tenir un rang diſtingué parmi eux ; je tairai ſon habileté dans la Dialeċtique, l'attention particulière qu'il donna à la leċture des Philoſophes les plus propres à former ſon cœur & ſa raiſon ; le ſoin qu'il prit de s'inſtruire dans la Phyſique & l'Hiſtoire naturelle, & les connoiſſances qu'il avoit acquiſes dans le Génie & l'Architeċture ; en un mot, je paſſerai ſous ſilence les étonnans progrès qu'il fit dans les arts utiles & les arts agréables, parce que ces études n'occupèrent que ſes momens de loiſir, n'étoient pour ſon eſprit facile qu'un ſimple délaſſement, & que d'ailleurs, comme il le penſoit lui-même, elles ne conduiſent qu'indireċtement un Prince au but auquel il eſt appelé. Mais je vais parler de la ſcience ſublime & difficile de gouverner les hommes, ſcience à laquelle il conſacra la moitié de ſa vie, ſcience qu'il regardoit comme la ſource du bonheur qu'il vouloit procurer un jour à la France, & la baſe des vertus qu'il devoit pratiquer.

Le Dauphin commença par méditer ces utiles & célèbres Ouvrages, où des plumes ſavantes & habiles ont expliqué les principes généraux de la Légiſlation, expoſé les maximes du Droit public, montré les rapports du Souverain avec ſon Peuple, & développé les véritables règles de la ſaine Politique. Sans adopter en tout les vues de ces Ecrivains fameux, il fut profiter de leurs lumières. Une judicieufe critique lui fit diftinguer les vérités fondamentales & univerfelles répandues dans leurs livres, d'avec les préjugés Nationaux & les idées Syftématiques ; &, fe formant une fuite de principes & de conféquences fondés fur l'équité & la droite raifon, & heureufement liés les uns aux autres, il fe vit bientôt en état d'apprécier & de juger fes Maîtres.

HEUREUX les Empires, dont les Souverains, cherchant l'origine & le but de leur autorité, n'en trouvent la fource qu'en Dieu même, & ne fe regardent que comme les Vicaires & les Lieutenans du Père & du Bienfaiteur de la Nature ! En reconnoiffant que toute puiffance vient de Dieu, le DAUPHIN comprit que le plus noble, & même le feul ufage légitime qu'un Prince en puiffe faire, eft de la régler fur la juftice, la fageffe & la bonté de l'Etre Suprême ; qu'il n'eft armé du glaive que pour punir le crime, maintenir le bon droit, écarter l'ennemi public ; qu'il n'eft en poffeffion des tréfors, que pour récompenfer les bonnes actions, & exciter dans tous les cœurs l'émulation de la vertu ; qu'il n'eft le juge du Peuple, que pour entretenir une heureufe union entre tous les Membres de la République, prévenir & arrêter les difcordes domeftiques, & faire concourir tous les ordres de l'Etat au bonheur général ; en un mot, qu'il n'eft Souverain, que pour sacrifier à la félicité de ses sujets tout son temps, tous ses plaisirs, sa vie entière, & sa gloire même. Tels sont, selon le DAUPHIN, les traits de ressemblance que l'autorité des Rois doit avoir avec celle de Dieu; telle est la manière dont ils doivent prouver, que la source en est divine. *L'usage que les Souverains font alors de leur puissance*, ajoute-t-il, *devient glorieux & salutaire, & les avantages qui en dérivent sont inestimables.*

OUI, généreux Prince! vous les connoissiez ces avantages; votre bon cœur, vos lumières nous les promettoient, & nous avions droit de les attendre de vous. Lorsque, frappé de l'étendue immense des devoirs attachés à la Royauté, vous en redoutiez le fardeau (7), cette noble défiance étoit le présage certain de notre bonheur: craint-on une tâche qu'on ne veut point remplir? Les difficultés ne servirent qu'à augmenter votre ardeur; plus la carrière s'agrandissoit à vos yeux, plus vous redoubliez d'efforts pour vous rendre digne de la fournir; & c'étoit pour nous, ô mes Concitoyens! c'étoit pour assurer un jour notre félicité, que ce jeune Prince, héritier du premier Trône du monde, se déroboit aux délices & aux plaisirs de son âge, forçoit la nuit à lui restituer les heures que la bienséance lui avoit arrachées le jour, & s'étoit rendu presque solitaire, au sein même de la Cour la plus brillante.

Vous le repréſenterai - je , conſidérant les
formes diverſes des Gouvernemens , les diſtin-
guant toutes par leurs qualités eſſentielles, en
marquant avéc préciſion le caractère & les effets ,
& s'attachant plus particulièrement à diſcuter la
nature du pouvoir propre au Monarque François ?
pouvoir qui , ſelon ce Prince , ne doit avoir pour
baſe que la juſtice & la raiſon , & qui doit être
plein & entier pour faire le bien , nul pour faire
le mal.

Nommerai-je ici les Sages dont il conſul-
toit modeſtement l'expérience , qu'il invitoit de
toutes parts à coopérer à ſes ſublimes études ,
& qu'il éclairoit ſouvent, en invoquant le ſecours
de leurs lumières ?

Et pour mieux faire connoître encore, juſqu'à
quel point le Dauphin avoit approfondi l'art de
gouverner les hommes , quelle étoit la juſteſſe
de ſes idées , & la grandeur de ſes vues ſur tous
les objets de l'adminiſtration politique , expoſe-
rai-je le plan qu'il s'étoit tracé lui-même , pour
ſe diriger dans ſon travail ? ferai-je l'analyſe des
principes d'après leſquels il vouloit ſe conduire
dans chacune des fonctions de l'autorité Royale ?
& offrirai - je à l'admiration publique , cette précieuſe collection de maximes qu'il s'étoit rendues
propres , & qu'on pourroit regarder comme le
Code des Souverains ? Rien n'y étoit oublié; &
je ne pourrois manquer d'intéreſſer & d'inſtruire,

ſi les bornes de ce Diſcours me permettoient de répéter les ſublimes réflexions , & les ſentimens généreux que cet excellent Prince a conſignés dans ſes Ecrits.

Il eſt un Maître intègre , que l'orgueil des Grands ne peut intimider , qui ne craint ni leur courroux , ni leur puiſſance , & qui leur découvre librement des vérités terribles , mais importantes , que perſonne n'oſeroit leur dire : ce Maître eſt l'Hiſtoire. Le DAUPHIN la regardoit comme *la Leçon des Princes, l'Ecole de la Politique, & la reſſource des Peuples contre les erreurs des Rois.* Les Annales de toutes les Nations lui devinrent ſi familières , qu'on eût dit qu'elles avoient été le ſeul objet de ſes études. Il les liſoit , non point en Chronologiſte , qui ſurcharge ſa mémoire de dates , de noms & d'époques , mais en Homme d'Etat , qui veut acquérir la ſcience des faits , connoître le génie , le caractère , les mœurs , les préjugés , le Gouvernement des différens Peuples , les cauſes des révolutions qu'ils ont éprouvées , les motifs ſecrets des guerres qu'ils ont entrepriſes , le but & l'effet des divers traités qu'ils ont conclus ; & , s'attachant plus particulièrement à conſidérer cette foule de Souverains , qui ſembloient ne ſe préſenter devant lui , dépouillés de toute la majeſté & de toute la pompe qui les rendoient ſi fiers & ſi redoutables , que pour entendre le jugement qu'il porteroit de

B

chacun d'eux, il en apprécioit les vertus & les vices; & il apprenoit de plus en plus, par leur exemple, que la véritable gloire d'un Roi eſt d'être le Père de ſon Peuple, & que ſon unique fonction eſt de le rendre heureux.

L'HISTOIRE de France fixa principalement ſes regards; elle étoit celle de ſa famille, &, plus que toute autre, elle pouvoit contribuer à lui faire connoître une Nation dont un jour il devoit être le Maître, c'eſt-à-dire, ſelon les idées de ce bon Prince, le Bienfaiteur & le Soutien: en falloit-il davantage pour intéreſſer ſon cœur ſenſible? Il y chercha les preuves de l'autorité du Monarque, ſon étendue & ſes bornes; il y étudia la conſtitution & les lois fondamentales de la Monarchie; il y ſuivit avec attention l'origine, les progrès & les révolutions de ces Corps intermédiaires, qui ſont comme les organes communs du Souverain & de la Nation, & qui, miniſtres & dépoſitaires des lois, ont toujours les premiers donné l'exemple de la ſoumiſſion aux volontés légitimes du Prince dont elles ſont émanées; il y apprit à déterminer les circonſtances où il faut que l'autorité civile laiſſe agir la Juridiction Sacrée, qu'elle doit protéger, ſans jamais la contraindre, mais auſſi ſans jamais lui permettre de paſſer les limites dans leſquelles elle doit ſe circonſcrire; il vit que la plupart des troubles dont notre Hiſtoire nous offre la triſte peinture, avoient pour caufe l'oubli des droits des deux Puiffances ; & que tant de flots de fang n'ont été répandus, que parce qu'on avoit négligé de diftinguer avec exactitude, ce qui eft du reffort de l'une & de l'autre. Puis interrogeant, pour ainfi dire, les Rois fes Aïeux & leurs Miniftres, il examinoit à qui il falloit attribuer les calamités & le bonheur de chaque règne ; & fe formoit ainfi dans l'art de rendre le fien profpère.

IL apprit fur-tout, dans notre Hiftoire, à chérir de plus en plus fon Peuple, ce Peuple aimable & généreux, auffi doux dans la paix, que terrible dans les combats ; léger dans fes goûts, mais toujours fidèle à fes Maîtres ; impétueux, mais docile ; plus fenfible à l'honneur qu'aux châtimens ; auffi propre à être gouverné par l'opinion, que par les lois ; & qui n'attendoit que la main fage du DAUPHIN, pour être ramené à fes antiques vertus.

AUCUN titre n'eût plus flatté ce Prince, que celui de Reftaurateur des mœurs Françoifes. Combien il nous trouvoit déchus, quand il comparoit la noble & franche fimplicité de nos Pères, avec le luxe & la molleffe de nos jours! Avec quelle trifteffe fon ame pure & jufte voyoit les progrès affreux que le libertinage de l'efprit & du cœur a faits parmi nous? Quel zèle il témoigna contre ces apôtres d'obfcénités

& d'erreurs, qui, dans leurs infâmes écrits, prê-
choient, avec impudence, la diſſolution & l'incrédulité ? La licence dut redouter ce ſage &
auſtère Cenſeur, qui lui-même donnoit l'exemple des vertus auxquelles il eût invité ſon Peuple:
auſſi n'oublia-t-elle aucun des moyens capables
d'en ternir l'éclat, noires calomnies, propos ha-
ſardés, imputations odieuſes ; & c'eſt le dernier
excès dont notre ſiècle devoit ſe rendre coupable!

A la connoiſſance de la Politique & de l'Hiſtoire, le DAUPHIN joignit celle de notre Juriſprudence, non moins néceſſaire à un Prince qui
devoit être à-la-fois & le ſouverain Légiſlateur,
& le ſuprême Magiſtrat de ſon Peuple. Il ſut
débrouiller le chaos de nos Lois civiles & crimi-
nelles (8); & les comparant les unes aux autres,
il en avoit ſaiſi les rapports & les différences, &
pouvoit, comme le plus habile Juriſconſulte,
déterminer les circonſtances où il faut les exé-
cuter avec plus ou moins de rigueur. Peut-être
l'eût-on vu ſimplifier les formes judiciaires, &
rendre la juſtice plus acceſſible au malheureux,
qui ſouvent ſe voit contraint de gémir ſous
l'oppreſſion d'un adverſaire opulent, parce qu'il
n'eſt pas aſſez riche pour ſe défendre. Une vive
indignation ſaiſiſſoit ſon cœur, toutes les fois
qu'on lui parloit des rapines de ces Officiers
ſubalternes, qui, par un dédale d'incidens pré-
parés avec art, éterniſent la diſcuſſion des affaires

les plus simples, accumulent les frais pour s'enrichir des dépouilles de leurs trop crédules cliens, & les ruinent par le gain même d'un procès. Immortel Chancelier *, dont l'éloquence & la vertu feront l'éternel honneur de la Magistrature ; & vous, qu'il nommoit son ami **, & qui méritiez de l'être, illustre Chef d'un auguste Tribunal, combien de fois, dans ces doctes Conférences où il vous admettoit comme ses Maîtres, n'avez-vous pas applaudi aux vues équitables de ce jeune Prince ? & quel heureux avenir ne préfagiez-vous point à vos neveux, en voyant dans celui qui paroissoit devoir les gouverner un jour, tant de droiture & de raison ?

Les principes du Dauphin sur l'Agriculture, & tous les autres objets de l'économie politique, n'étoient ni moins profonds, ni moins solides. Cette classe d'hommes, la plus utile dans l'Etat, puisqu'elle le nourrit durant la paix, & le défend pendant la guerre, avoit fixé toute son attention. Il étoit plus jaloux, comme il le disoit, d'être aimé du Laboureur que du Courtisan ; & il étoit persuadé que, s'enrichir en le dépouillant, c'est, selon son expression, *tuer la Poule qui pond des œufs d'or.* Peu de Politiques ont eu sur le Commerce, des lumières plus justes & plus étendues

---

* M. le Chancelier d'Aguesseau.

** M. d'Aubert, Premier Président du Parlement de Flandres.

que celles de ce Prince. Il en connoiſſoit toutes les branches ; & ſon ſyſtême de Police, à cet égard, également éloigné de l'exceſſive liberté & de l'extrême contrainte, ne laiſſoit rien à deſirer.

Les Finances, qui ſont le nerf de la Républi-que, furent auſſi l'objet d'une étude ſérieuſe. Son but étoit d'acquérir l'art, non d'augmenter ſes revenus, mais de ſoulager & d'enrichir ſes ſujets ; & il le trouvoit dans une prudente économie, & dans une méthode plus ſimple & moins oné-reuſe de percevoir les impôts. Un grand Empire, malgré ſes dettes immenſes, peut être riche en-core, ſi ceux qui gouvernent s'abſtiennent de toute dépenſe qui ne tend point viſiblement au bien général. Le Dauphin contraĉta de bonne heure la ſage habitude de ne s'en permettre aucune qui ne fût véritablement utile ; ainſi, ſon ſyſtême de Finances conſiſtoit plutôt dans une pratique ſûre, que dans une incertaine & flot-tante théorie. Ne ſe regardant que comme l'Eco-nome de ſon Peuple, il s'appliquoit à découvrir les reſſources que les diverſes Provinces pou-voient offrir au Gouvernement ; & connoiſſant les richeſſes réelles & indigènes, pour ainſi dire, de chacune d'elles, & les richeſſes qui ne ſont que le fruit paſſager de l'induſtrie des Habitans, il voyoit en quelle proportion elles pouvoient, ſans s'épuiſer, contribuer aux beſoins du Royaume. Il fentit que, pour compléter les notions qu'il s'étoit procurées en cette partie, il lui feroit utile de vérifier par lui-même, fur les lieux, ce qu'un œil fidèle, mais étranger, avoit vu pour lui ; & il réfolut de parcourir la France. Le voyage eft arrêté : le but en étoit important, il alloit fe faire ; on lui apporte, par fon ordre, un apperçu des frais qu'il devoit néceffairement occafionner : *Oh ! en vérité*, s'écrie auffitôt ce bon Prince, *toute ma perfonne ne vaut pas au pauvre Peuple, ce que lui coûteroit ce voyage : je ne veux plus y penfer.* Généreufes & admirables paroles, qui peignent mieux que tous les difcours, & la rigoureufe économie du DAUPHIN, & l'amour qu'il avoit pour fon Peuple (9).

ET cet amour n'étoit point en lui une affection oifive & fans effet. Combien de fois ne facrifia-t-il pas fes revenus & fes épargnes au foulagement du malheureux (10) ? Combien de villes & de villages furent les objets de fa bienfaifance (11) ? Et quand, épuifé par fes propres libéralités, il fe trouvoit dans l'impuiffance de répandre de nouveaux dons, avec quelle vivacité le voyoit-on folliciter le Roi, la Reine, les Princeffes fes fœurs, & fes amis mêmes, en faveur du pauvre Peuple (12) ? Les fervices qu'on rendoit à ce bon Peuple fembloient rendus à lui-même : vous le favez, généreux Citoyens, qui, dans les calamités publiques, imitiez fon zèle :

ce Prince applaudiſſoit à vos largeſſes, comme s'il en eût été l'objet; & plus d'une fois vous fûtes étonnés de recevoir ſes remerciemens pour des bienfaits que vous comptiez ſecrets * !

JAMAIS on ne l'eût vu chercher dans les combats une gloire achetée par le ſang de ſon Peuple. Il réuniſſoit néanmoins le courage du Soldat & l'habileté du Général. Plaines de Fontenoi, vous fûtes témoins de ſa valeur (13) ; & vous, braves Guerriers, qu'il conduiſoit au camp de Compiègne, vous le fûtes de ſes talens militaires (14) ; vous le fûtes de ceux qu'il avoit dans la marine, intrépides Officiers, qui, ravis de l'entendre parler comme vous, ſur un art auquel vous aviez conſacré toute votre vie, vous demandiez avec ſurpriſe, comment ce Prince, ſans ſortir de ſon Cabinet, avoit appris la tactique navale ? Et qui peut douter de ce qu'il eût fait, ſi le Roi, cédant à ſes inſtances preſſantes, lui eût permis d'aller ſe mettre à la tête de nos Troupes, découragées après la funeſte journée de Crévelt (15) ? Mais celle de Fontenoi lui avoit appris combien il en coûte de remporter des victoires ; & la vue de ces monceaux de cadavres défigurés, dont le champ de bataille étoit couvert, le lamentable ſpectacle de tant de morts

---

* M. l'Abbé de Saint-Cyr fut pluſieurs fois porteur de ſemblables complimens.

& de mourans, auxquels il avoit donné des larmes, avoit été, pour son cœur, une leçon de modération qu’il n’oublia jamais. Il crut donc qu’un bon Prince devoit éviter la guerre, sans la craindre; & que la conquête d’une Province ne pouvoit le dédommager de la perte d’un de ses sujets.

S’il falloit parler de tous les talens, s’il falloit peindre toutes les vertus du DAUPHIN, j’exposerois sa vie entière. Tout y est grand & admirable, tout y est intéressant & instructif; &, jusqu’aux moindres détails, tout y caractérise un Prince né pour honorer le Trône & l’Humanité. Dans la vie des plus grands Hommes, il est de certains vides que l’éloquence la plus ingénieuse a peine à remplir; & les efforts du Panégyriste décèlent alors la nullité de son Héros. Dans celle du DAUPHIN, tout est rempli, tout est lié, tout est suivi; & l’Orateur, embarrassé de l’abondance d’un sujet où tout est également digne d’éloge, & qu’il faut pourtant circonscrire dans de justes bornes, ne pouvant offrir la chaîne entière des vertus qu’il admire, se voit contraint de la rompre, pour n’en montrer que quelques anneaux.

L’HISTOIRE louera dans ce Prince, cette merveilleuse sagacité avec laquelle il saisissoit, presque sur le champ, le caractère de tous ceux qui l’approchoient : talent rare, & si nécessaire à un Monarque, qui, ne pouvant tout voir ni tout

faire par lui-même, a befoin d'un fage difcer‑
nement pour choifir fes Coopérateurs & fes Mi‑
niftres ; elle parlera de cette noble circonfpection
qui préfidoit à toutes fes démarches, & qui ne
lui permit jamais de rien faire qui pût déplaire à
ce bon Prince qu'il chériffoit comme le plus
tendre des Pères, & qu'il honoroit comme le
meilleur des Rois ; elle célébrera cette prudente
& généreufe fermeté qu'il fit éclater dans le Con‑
feil, lorfqu'y préfident en la place du Roi qu'une
main parricide venoit de frapper, il calma la
confternation des Miniftres, qui trouvoient un
trait de lumière dans chacune de fes paroles ;
enfin, elle rappellera les actes multipliés de cette
charité compatiffante qui ne connoiffoit point de
bornes, & de cette bienfaifance toujours active,
mais modefte, qui s'empreffoit d'aller au devant
de l'indigence, en tâchant de cacher la main qui
lui portoit du fecours. Pour nous, à qui il n'eft
pas donné de fournir une carrière auffi vafte,
achevons de tracer, en peu de mots, le caractère
du DAUPHIN ; &, après avoir expofé jufqu'ici
tout ce que la France étoit en droit d'attendre de
fes talens, faifons voir, dans le refte de ce foible
Eloge, comment ce grand Prince a fu les fanc‑
tifier.

IL regardoit la chafteté, comme la vertu qui
fait le plus d'honneur à l'Etre raifonnable, parce
qu'elle indique une ame forte, qui fait mettre

un frein à la paffion la plus fougueufe, & s'éle-
ver au deffus des fens. Il n'étoit pas capable
encore d'en connoître tout le prix, qu'il paroif-
foit déja touché de fes charmes. Cette heureufe
innocence l'accompagna durant toute fa vie ; il
la conferva au milieu des dangers d'une Cour
voluptueufe, & jamais la contagion du vice n'y
put porter la plus légère atteinte.

IL connut pourtant l'amour ; car, pourquoi
rougirions-nous de parler d'un fentiment qui fut
pour lui un devoir ? Mais c'étoit cet amour que
la Religion fanctifie, & que la vertu foutient. O
vous, Princeffe aimable, qui lui fîtes goûter les
premières douceurs de la tendreffe conjugale,
& qui lui fûtes fitôt ravie, jamais il n'oublia
vos chaftes attraits, que relevoit l'heureux af-
femblage de toutes les vertus, & le nom de
Marie-Thérèfe lui fut toujours cher (16) !

ET vous, qui fuccédâtes à cette digne Epoufe,
& qui feule pouviez la remplacer, tendre & fage
Princeffe (17), de quel retour ne paya-t-il pas
vos généreufes complaifances, votre ingénieufe
douceur, & les confolations que vous lui pro-
curiez ? Votre belle ame fe trouva toujours au
niveau de la fienne ; une délicieufe fympathie
uniffoit vos deux cœurs ; vous poffédiez les
mêmes talens & les mêmes vertus, & vous
méritiez de faire le bonheur d'un tel Prince,

comme vous fîtes celui de la France, par votre heureuse fécondité !

QUAND on compare avec nos mœurs, l'innocence & l'union de ces deux Epoux, on croit vivre dans un temps moins déplorable. Quelle augufte fimplicité dans leur conduite ! quelle noble décence dans les épanchemens de leur amour ! quelle égale application à remplir les devoirs de leur rang ! quelle femblable ardeur pour fe perfectionner dans la pratique des vertus chretiennes & morales ! quelle réciproque confiance * ! L'un ne craignoit pas de découvrir à l'autre fes difpofitions les plus intérieures ; leurs penfées les plus fecrettes leur étoient également connues, & tous deux s'aimoient au point de s'avertir mutuellement de leurs défauts. Et c'eft dans le fiècle le plus diffolu qui fut jamais, qu'une telle vertu s'eft laiffée voir ! O mes compatriotes ! Dieu ne tonne plus pour ramener les hommes de leurs égaremens, mais il les rappelle par le fpectacle des bons exemples que fa Grace nous donne. Ah ! tremblons que celui du DAUPHIN & de fa vertueufe Epoufe, ne foit une des dernières faveurs de fa bonté, fatiguée de nos retards !

---

* Elle étoit telle, que la DAUPHINE ne faifoit pas difficulté d'admettre fon augufte Epoux dans fon confeil de confcience. *Vie du Dauphin, pag. 181.*

CE Prince mettoit les fonctions paternelles au nombre de ſes premières & de ſes plus importantes obligations ; & pouvoit-il ne pas chérir ſes Enfans , lui dont le cœur étoit ſi ſenſible , lui qui voyoit en eux l'eſpérance de la Patrie , & les gages précieux d'une union ſainte & conſtante ? Mais il ne les aime que pour les rendre dignes de la grandeur à laquelle leur naiſſance les appelle. Admirez avec quel ſcrupuleux diſcernement il choiſit les Sages qui vont diriger leur jeuneſſe ; admirez avec quel ſoin religieux il s'aſſure des tous les Officiers qui auront avec eux les moindres rapports de ſervice ! La prudence & la vertu les environnent de toutes parts, & ferment au vice toutes les avenues de leurs cœurs. Et parce qu'il avoit donné ſa confiance à des hommes qui la méritoient , penſez - vous qu'il ſe crût déchargé du devoir de ſurveiller lui-même la conduite des jeunes Princes ? Deux fois la ſemaine , en préſence de leur tendre Mère , qui partageoit ſes ſoins , le DAUPHIN examinoit leur travail ; ſe faiſoit rendre un compte exact des objets de leurs études ; excitoit l'un par des récompenſes, arrêtoit l'autre par des privations ſagement ménagées ; allumoit dans le cœur de tous cette noble émulation qui élève le courage , agrandit l'ame , & fait diſparoître les obſtacles. Qu'on juge , par ce ſeul trait, quel genre d'éducation il leur donnoit, & ſur quel fondement il vouloit appuyer les

vertus qu'il ne ceffoit de leur infpirer. Les cé-
rémonies du premier de nos Sacremens, amè-
nent les jeunes Princes au pied des Autels. Le
DAUPHIN fe fait apporter le Regiftre où chaque
Eglife infcrit, fans diftinction, le nom de ceux
que le Baptême a régénérés : il l'ouvre ; &,
leur faifant remarquer que celui qui les précède
eft le fils d'un pauvre artifan : *Vous le voyez,
mes Enfans*, leur dit-il ; *aux yeux de Dieu, les
conditions font égales, & il n'y a de diftinction
que celle que donnent la foi & la vertu. Vous
ferez un jour plus grands que cet Enfant, dans
l'eftime des Peuples ; mais il fera lui-même plus
grand devant Dieu, s'il eft plus vertueux.* Leçon
fublime, jamais vous ne ferez oubliée !

UN tel Père devoit néceffairement être bon
Fils. Quelles furent fa confternation & fa douleur, lorfqu'une maladie foudaine menaça les
jours du ROI ? *Ah ! pauvres Peuples*, s'é-
crioit-il, fondant en larmes, *pauvres Peuples !
qu'allez - vous devenir ? Quelle reffource il vous
refte ! Moi ! . . . . . un Enfant ! . . . . . O
Dieu, ayez pitié de ce Royaume, ayez pitié de
moi !* Malgré les ordres du Monarque, qui craignoit pour la fanté d'un Fils fi cher. & fi fenfible, malgré les remontrances de fon Gouverneur, indocile pour cette feule fois, il voulut
voir, il voulut embraffer encore ce Père, tendrement chéri, qu'il craignoit de perdre. Et

quand un Monftre ofa porter fur ce Roi bien aimé une main parricide, combien l'affliction & les alarmes du Dauphin furent-elles vives & fincères ! On eût dit qu'il avoit été frappé du même coup ; & à peine éut-il appris que la bleffure n'étoit pas mortelle, qu'oubliant les dangers dont il étoit menacé lui-même *, il courut prefque feul au pied des Autels, rendre graces au fuprême Confervateur des Rois, de ce qu'il n'avoit pas permis qu'un fi noir attentat fût confommé. Dans tous les temps, fa refpectueufe tendreffe fut toujours la même. Fils foumis & prévenant, il s'empreffoit d'aller au devant des volontés de fon Père & de fon Roi ; & fe faifant un devoir d'attacher de plus en plus les fujets à leur Souverain, il n'en parloit jamais que pour relever fa bonté, fa rare modération, fon amour pour la paix, & fa prudence dans le Confeil.

Et vous, grande Reine, dont il repréfentoit fi fidèlement la piété & les vertus, quel pouvoir n'aviez-vous pas fur fon cœur reconnoiffant ! Il étoit le premier de vos amis, il en étoit digne ; & dire que vous en aviez fait le confident de vos chagrins, votre confolateur & votre appui, c'eft peindre affez fa piété filiale.

---

* Dès que Damien fut arrêté, il répéta plufieurs fois : *Qu'on prenne garde à M. le Dauphin..... Que M. le Dauphin ne forte point de la journée.*

On fait le doux commerce de bienfaifance & d'amitié qui régnoit entre le Dauphin & fon augufte Aïeul, que des révolutions funeftes à fa famille, mais qui devinrent utiles & glorieufes à la France, avoient rendu notre Concitoyen. Ce Prince admiroit dans Stanislas, un modèle parfait, fur les traces duquel il fe faifoit gloire de marcher ; & Stanislas chériffoit dans fon Petit-Fils, le conftant imitateur de fes vertus.

Ainsi, toutes les affections du Dauphin, avoient la vertu pour principe, pour bafe & pour terme. C'eft elle qui refferroit les liens du fang qui l'attachoient aux Princeffes fes Sœurs ; c'eft elle feule qui le dirigeoit dans le choix de fes amis : car il en eut, mais en petit nombre ; & pour y être admis, il falloit joindre à une irréprochable probité, la plus mâle franchife, lui parler fouvent de fes défauts, le porter à la perfection, & lui en donner l'exemple. O vous, qu'il honora de ce nom, fi énergique dans fa bouche, il fit beaucoup pour votre gloire, mais vous fîtes beaucoup auffi pour la fienne ; & jamais il n'eut à rougir de vous avoir donné fon cœur !

Les Officiers & les Domeftiques de ce bon Prince, trouvoient en lui un Maître auffi généreux qu'indulgent. Il ne fe croyoit au deffus d'eux, que pour leur faire du bien ; il les regar-

doit

doit comme ſes frères ; & ſe conformant à leur humeur, loin de les forcer de ſe plier à la ſienne, jamais il ne les fit gémir en ſecret, de la ſubordination de leur état. Avec quelle bonté il corrigeoit les fautes qui leur échappoient quelquefois ! avec quelle patience il ſupportoit l'impéritie & l'embarras des nouveaux venus ! avec quel zèle il prenoit les intérêts de tous !

ON ſe rappelle encore cet accident déplorable, où ſon humanité ſe montra dans tout ſon jour ; cette chaſſe funeſte, qu'il ſe reprochoit preſque comme un crime, & qui fut la dernière de ſa vie. Il déchargeoit ſon fuſil ; le coup frappe un de ſes Écuyers, qu'il ne pouvoit appercevoir. Des cris lamentables ſe font entendre ; le Prince éperdu ſe retourne : quel ſpectacle ! il reconnoît Chambords qu'il aimoit. Déſeſpéré, il ſe précipite ſur ſon corps ſanglant, il le baigne de ſes pleurs, il le conjure, à genoux, de lui pardonner ; & ſa conſternation eſt ſi vive, que l'Ecuyer moribond, oubliant ſes propres douleurs, cherche à le conſoler lui-même. Hélas ! ſi les ſoins empreſſés qu'il prodigua à cet infortuné, ne purent le rappeler à la vie, n'a-t-il pas expié cette faute involontaire, par les bienfaits dont il combla ſa veuve, ſon enfant, ſa famille ? Ne l'a-t-il pas expiée, par le ſouvenir amer qu'il en conſerva, & en s'interdiſant pour toujours un plaiſir innocent, qui lui avoit coûté tant de larmes !

SES libéralités n'avoient point de bornes ; & quand on considère l'immensité de ses largesses, on ne peut s'abstenir de se demander comment ce Prince, avec des revenus si modiques, a pû suffire à tant de bienfaits. Ses vrais trésors étoient la simplicité & la modération ; &, ne donnant rien au faste, ni à la vanité, ni aux plaisirs frivoles, il se voyoit toujours un abondant superflu ; source féconde, où sa charité puisoit sans remords & sans crainte.

ENNEMI de toute affectation dans ses habits, il ne concevoit pas comment on pouvoit s'enorgueillir d'une riche parure ; & si l'on excepte ces occasions d'éclat, où les Princes doivent étaler aux yeux des Peuples toute la pompe du diadême, il portoit toujours les étoffes les plus simples, ou n'y souffroit d'ordinaire une broderie, que quand elle étoit l'ouvrage de ses augustes Sœurs.

S'IL fût né dans une condition privée, sa table eût été celle d'un austère Spartiate, tant il étoit sobre & frugal. L'eau faisoit sa boisson ordinaire ; & peu difficile sur le choix des mets, il ne vouloit que satisfaire au besoin, sans flatter & nourrir la sensualité.

JAMAIS, dit un homme qui le connoissoit bien, on ne lui entendit faire cette question, si commune dans la bouche des Grands : *Que ferai-je demain ?* Il est difficile de mener une vie plus occupée que ne l'étoit la sienne ; il l'avoit confacrée toute entière à la piété, à l'étude, aux bonnes œuvres ; & le travail de la veille, étoit une préparation pour celui du jour fuivant. Ami de l'ordre, il en mettoit dans toute fa conduite; & quoique mille circonftances, dont il n'étoit pas le maître, l'obligeaffent fouvent de reculer l'heure de fon repos, celle de fon lever étoit toujours la même.

SES plaifirs étoient fimples & purs, comme fes mœurs. Une promenade à pied, un doux entretien avec fa famille, une converfation utile avec quelques amis choifis; tels étoient fes délaffemens les plus ordinaires. Il aimoit la mufique ; mais l'augufte harmonie de nos Hymnes facrées, flattoit plus fon cœur ; & quelquefois, feul dans fon cabinet, ou accompagné de fa vertueufe Epoufe, il cherchoit, dans le chant d'un Pfeaume, une fainte & innocente récréation. Il jouoit peu, & feulement quand la bienféance le forçoit de le faire ; & alors, il n'aimoit point à gagner. Un jour, pourtant, il fut heureux malgré lui ; & la fortune l'ayant conftamment favorifé toute la féance, il remporta environ cent mille francs. La matinée du lendemain n'étoit pas encore paffée, que déja toute cette fomme étoit répandue en aumônes & en bienfaits; & que, de tout fon gain, il ne lui reftoit plus que le plaifir d'avoir foulagé des malheureux.

LA plus rare modeftie donnoit du prix à

toutes les vertus de ce Prince. Il cachoit avec un soin scrupuleux, ces trésors de connoissances qu'il avoit acquis par tant de travaux secrets, & qui le plaçoient au rang des hommes les plus éclairés de son siècle. Aveugle sur son propre mérite, ne pouvant se persuader tout ce qu'il valoit, il se défioit de ses lumières; &, quoique capable de tout, il ne se croyoit propre à rien. Il s'applaudissoit d'apprendre qu'on le louoit dans le monde, comme un bon Prince, mais sans esprit & sans talens; & favorisant lui-même, par sa vie silentieuse & solitaire, ce préjugé que l'envie tâchoit d'accréditer, il aimoit à donner le change au Courtisan, toujours pressé d'approfondir & de juger le caractère de ses Maîtres : aussi ne fut-il bien connu qu'au moment où nous n'avions plus à lui donner que des larmes, & de stériles regrets. Un éloge qu'il falloit entendre, étoit un fardeau pour lui; & ces hommages qu'on rendoit à son rang, il ne les supportoit qu'en les regardant comme un reproche honnête, & une adroite exhortation à acquérir des vertus qu'il croyoit ne pas avoir. Quelle sage retenue ne fit-il pas admirer en lui, quand il fut admis aux Conseils ? On imagina d'abord que ce silence modeste étoit l'effet de son inexpérience ; mais lorsqu'enfin il eut montré ce qu'il étoit, chacun partagea l'étonnement de ce Ministre *,

---

* M. de Moras, Contrôleur Général.

qui, l'ayant entendu raifonner, fur une queftion difficile, avec toute l'habileté du plus profond Jurifconfulte, ne fe laffoit point de répéter, qu'il n'avoit pas cru ce jeune Prince fi inftruit.

MAIS ce qui caractérife plus particulièrement le DAUPHIN, ce qui fait fa principale gloire, c'eft l'amour dont il a toujours été pénétré pour la Religion ; c'eft la fidélité conftante avec laquelle il en a rempli les fublimes devoirs ; c'eft le foin qu'il a pris de l'étudier, de la connoître, de la méditer ; & nous ne donnerions que de vains éloges à fes talens & à fes vertus, s'ils n'étoient point appuyés fur une invariable & folide piété.

LA Religion fanctifia toutes les connoiffances de ce Prince, elle fanctifia toutes fes actions. Et ne croyez pas que fa foi fût l'effet du préjugé, de la fuperftition, ou de la foibleffe, ou même de la politique. Il étoit trop éclairé pour n'adopter que des chimères ; fon ame étoit trop forte & trop élevée, pour ne s'impofer que de puériles pratiques ; il étoit trop fincère, pour feindre des fentimens qui n'euffent point été dans fon cœur. Et qu'eût-il gagné à les feindre, dans un fiècle où l'on femble fe piquer, à l'envi, de ne rien croire ? En eût-il été plus eftimable aux yeux de ces efprits - forts qui, dans ces temps malheureux, donnent avec empire le ton à la Nation ?

La Foi étoit donc, dans le DAUPHIN, une vertu solide & réfléchie, un sentiment de conviction & de pratique, qui réunissoit tous les autres pour les rendre plus parfaits, & en faire hommage à celui qui seul peut les inspirer & les couronner.

PARCOUREZ ses Ecrits ; voyez avec quelle onction, quelle étendue de lumières, quelle sublimité d'idées il y parle de Dieu & des saintes obligations du Christianisme, & vous reconnoîtrez qu'il étoit difficile d'aimer davantage la Religion, & d'en mieux posséder les principes. Né pour en être le protecteur & l'appui, ainsi que le disciple, il en avoit fait l'étude la plus profonde. Il n'ignoroit aucune des difficultés que, dans tous les temps, l'incrédulité a proposées contre elle (18) ; & souvent, sans aucune préparation, il les réfutoit, le livre en main, avec tant de précision & de solidité, que l'on pouvoit dire, comme un Prélat * qui l'entendit plus d'une fois raisonner sur la Religion, qu'il la savoit autant en Docteur qu'en Prince.

PERSUADÉ que la Religion est une, que toutes ses parties sont liées, & intimement enchaînées entre elles, le DAUPHIN ne connoissoit point cette morale commode qui les divise, pour adopter les unes & négliger les autres. Selon lui,

---

* M. de Roquelaure, Evêque de Senlis,

la croyance d'un seul de nos dogmes, entraîne celle de tous les autres, sans exception; la soumission à une seule des décisions de l'Eglise, impose nécessairement l'obligation de se soumettre à toutes; & tel étoit le motif de cette Foi simple & humble avec laquelle il adoroit nos Myſtères, & de ce zèle toujours actif avec lequel il pratiquoit les règles de la morale chrétienne, & les lois de la diſcipline Eccléſiaſtique.

CONVAINCU, comme il le dit dans ſes Ecrits, que Dieu, qui eſt le Maître de l'homme, demande l'homme tout entier; & que l'homme, pour être entièrement à Dieu, doit être vertueux dans tous les inſtans & dans toutes les occaſions; il ne négligeoit aucun des moyens qui pouvoient le nourrir & le fortifier dans la pratique conſtante de toutes les vertus. Sa vie, comme on l'a vu, étoit un heureux enchaînement de bonnes œuvres, d'actions vertueuſes & d'actes de piété. A l'exemple de S. Louis, qu'il ſe propoſoit toujours pour modèle, il donnoit chaque jour un temps conſidérable à la prière, & récitoit exactement en particulier, & ſans autre témoin que Dieu même, le grand Office du Bréviaire de Paris. C'étoit aux pieds du Crucifix qu'il ſembloit puiſer de nouvelles forces pour de nouvelles vertus. Et qui pourroit raconter les conſolations intérieures, les encouragemens ſecrets que cette ame jufte trouvoit dans l'oraifon ? La vue de l'Eternel, en lui rappelant fes devoirs, élevoit fon efprit, redoubloit fon ardeur : fe regardant comme un foldat fous les yeux de fon Général, il marchoit généreufement au milieu des écueils de la volupté, fans la craindre ; &, foutenu de la Grace, il ne furmontoit ces tentations terribles dont il étoit environné de toutes parts, que pour lui attribuer humblement la victoire.

Avec quel recueillement il affiftoit au plus redoutable, au plus confolant de nos Myftères ! Jamais fa Foi ne brilloit d'un plus bel éclat, que quand, s'uniffant au Sacrifice de Jefus-Chrift, il s'immoloit avec ce divin Sauveur, & offroit à Dieu cette Victime fans tache, qui feule peut honorer dignement fa Majefté fuprême. Tout fon extérieur alors annonçoit les céleftes raviffemens de fon ame ; & combien de fois les véritables Fidèles n'effuyèrent-ils pas les larmes qu'ils donnoient à la joie de voir tant de piété dans l'Héritier de la Couronne ?

Jamais il ne fe permit l'infraction de ces fages & falutaires privations que l'Eglife prefcrit, durant l'année, à fes Enfans, pour apprendre à fe dégager de plus en plus de l'efclavage des fens ; & toute fa vie, il obferva, avec la plus religieufe exactitude, les préceptes du jeûne & de l'abſtinence. Vainement lui alléguoit-on quelquefois le ſoin de ſa ſanté : *Bon*, répondoit-il en riant, *j'ai ſouvent remarqué que les ordonnances de l'Egliſe valoient autant pour la ſanté, que celles de la Faculté ;* & l'unique adouciſſément qu'il s'accorda, durant un ſeul Carême, ſur les inſtances des Médecins, fut de prolonger ſon ſommeil d'une demi-heure.

Quel ſaint & fréquent uſage ne fit-il pas des Sacremens ? Tous les mois, il s'approchoit humblement de ce Tribunal de miſéricordes, qui juſtifie le pécheur véritablement touché de ſes crimes. *Le péché*, diſoit-il, *n'eſt honteux que lorſqu'on s'y abandonne ; mais la contrition par laquelle on le déteſte, & la Confeſſion dans laquelle on s'en accuſe, lui font perdre ſa difformité.* On a remarqué que, depuis l'âge d'environ douze ans, époque de ſa première Communion, juſqu'à la fin de ſa vie, il ne laiſſa jamais paſſer deux mois ſans ſe nourrir du pain des Anges. *L'Euchariſtie*, écrivoit-il, d'après ſa propre expérience, *éclaire l'ame ſur ſes devoirs, la dégoûte des plaiſirs des ſens, lui en découvre le néant, lui en fait ſentir le danger, lui donne la force de reſiſter à leurs amorces, & la ſoutient contre la ſéduction des mauvais exemples.* Et la fréquence de ſes Communions, n'en refroidiſſoit pas l'ardeur. Toujours en garde contre lui-même, il s'y préparoit avec ce ſaint tremblement que preſcrit l'Apôtre ; & *I. Cor. C. 11.*

c'étoit en s'approchant souvent de ce Sacrement augufte, qu'il apprenoit de plus en plus à fe rendre digne de le recevoir.

FRANÇOIS, tel fut le Prince que nous regrettons. La Religion étoit la fource féconde où il avoit puifé toutes les vertus qui rendent fa mémoire précieufe; &, s'il ne fit jamais rien que pour elle, nous pouvons dire que, par un heureux retour, elle fit tout auffi pour lui. C'eft la Religion qui lui avoit appris l'art d'allier des qualités qui fouvent fe nuifent l'une l'autre : les plus rares talens, avec la plus humble piété; le courage, avec la modération; la vivacité, avec la retenue; la dignité, avec la modeftie; l'économie, avec la libéralité; la complaifance, avec la fermeté; la franchife, avec la circonfpection. C'eft la Religion qui lui avoit infpiré ces grandes & fublimes penfées qui, l'élevant au deffus de la foibleffe humaine, lui faifoient chercher dans le Très-Haut, le modèle unique & le feul prix de fes bonnes œuvres; c'eft la Religion qui le foutenoit dans ces travaux immenfes dont notre bonheur étoit l'objet; en un mot, la Religion feule a fait tout le mérite de fa vie, & la gloire de fa mort.

HÉLAS! que viens-je de dire? quelle funefte parole m'eft échappée! Il faut donc rouvrir des plaies qui faignent encore? Pardonne, ô ma

Patrie, fi je renouvelle tes larmes, en offrant à tes regards, le trifte tableau des fouffrances du DAUPHIN ! Une fi longue épreuve n'étoit pas néceffaire pour achever d'épurer les vertus de ce Prince ; mais nous en avions befoin pour les bien connoître, pour les regretter & pour en profiter.

SI la mort doit caufer des regrets, c'eft fur-tout à l'Héritier d'une vafte Puiffance, qui, jeune encore, voit le Trône fuir pour jamais loin de lui, & un lugubre tombeau s'ouvrir fous fes pas. Que va-t-il trouver à la place de cette grandeur qui lui échappe, de ces honneurs dont il étoit fi jaloux, de ces plaifirs qui occupoient tous fes inftans, de ces courtifans empreffés qui flattoient fon orgueil ? Incertain de l'avenir qui l'attend, certain des cruels facrifices qu'il eft contraint de faire ; appercevant ce qu'il perd, ne voyant pas ce qui en tiendra lieu ; peut-il quitter la vie fans trouble & fans murmure ?

SAGESSE évangélique, vous feule pouvez foutenir l'homme en ce moment terrible ! C'eft vous qui infpirâtes au DAUPHIN tant de courage & de tranquillité, au milieu des plus longues & des plus cruelles douleurs ; & c'eft par vous qu'il a pu s'écrier, avec l'Apôtre : *O mort ! où eft ta victoire ? O mort ! où eft ton aiguillon ?* I. Cor.
15. 55.

SUCCOMBANT enfin à la maladie funefte qui le confumoit depuis plufieurs années, mais qui n'avoit pu interrompre ses travaux, ce Prince apprend le danger de son état. On lui annonce que l'art offre désormais peu de ressources, & qu'une mort, lente peut-être, mais certaine, sera le terme de ses souffrances. Cet aveu que l'on craint de faire, même aux hommes les plus intrépides, & qui souvent fait éclipser le plus mâle courage, loin de troubler le calme de son ame, excite sa reconnoissance. Il l'avoit demandé : il donne des éloges sincères au Médecin qui avoit eu la fermeté de lui obéir ; sa gaieté n'en est point altérée ; il continue de converser paisiblement avec ceux qui l'environnent, comme si la fatale sentence ne le regardoit point ; & le monde & toutes ses grandeurs vont le quitter, sans qu'il en soit ému ! Pouvoit-il les regretter, ô mon Dieu ! ce Prince qui n'avoit jamais cessé de soupirer & d'agir pour votre gloire ? *Oui*, s'écrie-t-il, *quand je serois le maître de choisir entre la vie & la mort, je sacrifierois mille vies au désir qui me presse de voir & de posséder mon Dieu. Je n'ai jamais rien tant souhaité, que de le connoî-tre en lui-même, & de sentir combien il est grand & admirable dans l'étendue de ses perfections in-finies.*

SUBLIME dévouement d'une ame chrétienne, combien êtes-vous préférable à cette indifférence stupide, que la fausse sagesse du monde voudroit inspirer à ses disciples ! La mort n'est aux yeux

du DAUPHIN, que le paſſage du temps à l'éter‑
nité. Mourir, ſelon lui, c'eſt finir un triſte &
pénible voyage, c'eſt le retour d'un Fils vers ſon
Père, c'eſt le moment heureux où la vertu doit
recevoir ſa couronne. Peuples déſolés, qui vous
proſterniez dans les Temples, & juſques dans les
places publiques (19); & vous, Guerriers, qui
vous impoſiez un jeûne ſolemnel, & répandiez
dans le ſein du pauvre le fruit modique de vos
ſervices, afin d'intéreſſer le Ciel à la conſerva‑
tion d'un Prince ſi cher; il fut ſenſible à vos
larmes; il apprit toujours, avec attendriſſement,
les vœux que vous formiez pour lui (20); mais
il ne les partagea jamais (21).

EST-CE lui qui meurt? ou n'eſt-il que le ſpec‑
tateur tranquille d'une mort étrangère? Voyez-le
ſourire ſur le bord du tombeau, & ſe permettre
encore, au milieu de ſes ſouffrances, quelques
innocentes plaiſanteries; attentif à conſoler les
uns, à encourager les autres, à donner à tous
les dernières, mais les plus tendres preuves de
ſon attachement & de ſa ſenſibilité. Durant deux
mois, étendu ſur un lit de douleur, dévoré de
mille maux, accablé chaque jour d'infirmités
nouvelles, épuiſé par les remèdes, plus inſup‑
portables ſouvent que la maladie même; il ne
lui échappe aucune plainte, il ne montre aucune
impatience : ſimple, doux, magnanime en ce
moment funèbre, comme il l'avoit été dans les

plus beaux jours de fa vie, la férénité de fon vifage annonce la paix de fon ame ; & fi quelquefois il s'attendrit, ah ! c'eft pour vous, Monarque bien aimé, pieufe Reine, que ce Fils chériffoit fi tendrement ! c'eft pour vous, vertueufe Epoufe, dont la généreufe & prévenante tendreffe lui prodiguoit tant de foins ! c'eft pour vous, précieux Enfans, qu'il ne pourra plus lui-même former à la vertu ! c'eft pour vous, auguftes Princeffes, qui connoiffiez fi bien le cœur de ce Frère chéri ! c'eft pour vous enfin, dignes amis, qui faifiez la confolation & le charme de fa vie ! Mais bientôt, la Foi triomphant de la nature, il ne regarde plus cette féparation, que comme une abfence momentanée ; & il fe confole d'arriver le premier dans ce féjour bienheureux, où tous ceux qui lui furent chers, fe réuniront pour toujours, avec lui, dans le fein de Dieu même (22).

O DOULEUR ! ô trifteffe ! l'inftant approche où la mort, qui fembloit d'abord menacer de loin fa victime, va frapper le dernier coup. Déja trois fois nos faints Myftères avoient été portés en filence, & dans l'appareil le plus lugubre, à l'Héritier du Trône, dont toute la maladie n'avoit été qu'une prière fervente & continuelle ; déja ce Prince avoit béni fes Enfans, & dit le dernier adieu à fon augufte Famille ; déja, par fon ordre, le Miniftre de Jefus-Chrift avoit récité ces falutaires oraifons, par lefquelles la Religion achève de confacrer les Fidèles à l'éternité; & lui-même avoit prononcé ces paroles fi confolantes pour le jufte : *Partez, ô mon ame ! partez de ce monde, au nom du Dieu qui vous a créée ;* déja fes yeux s'obfcurciffoient, & le facrifice étoit près de s'accomplir : en ce moment, il recueille fes forces défaillantes, il rappelle fa voix qui expire, & levant vers le Ciel fes mains affoiblies : *Ah ! je prie Dieu de tout mon cœur,* s'écrie-t-il, *de protéger à jamais le Royaume, & de le combler de toutes fes grâces & de toutes fes bénédictions !* Ainfi, le dernier vœu du DAUPHIN, fut pour ce même Peuple, qu'il eût voulu rendre heureux (23) !

FRANÇOIS, la mort des bons Princes, n'en doutons point, eft un châtiment du Ciel : par la perte de celui que nous pleurons encore, jugeons de nos déréglemens. La bonté divine, qui ne punit le crime que pour rappeler à la vertu, n'a pas permis que celles du DAUPHIN reftaffent ignorées : vainement fa modeftie les avoit tenues cachées, une maladie longue & cruelle les fit briller de tout leur éclat ; &, après avoir été vertueux, durant tant d'années, en filence & pour lui-même, Dieu voulut, pour ainfi dire, qu'il le fût encore en public & pour fa Nation. Combien ne fûmes-nous pas touchés de cet éloquent fpectacle, & quelle douleur amère n'a-t-il pas excitée dans nos cœurs ! Mais ce ne font point de ftériles larmes, d'inutiles regrets que ce Prince demande de nous : il nous a laiffé l'exemple de fa piété, de fes bonnes œuvres, de fes mœurs ; c'eft en l'imitant que nous l'honorerons. O mes Concitoyens, rendons-nous dignes d'un tel modèle ! Eh ! pourrions-nous refufer de marcher fur fes traces, quand nous avons pour guide l'héritier de fon nom & de fes vertus ? Ce jeune & fage Monarque femble n'être monté fur le Trône, que pour nous retracer l'image fidèle de fon augufte Père ; il en a les mœurs, la piété, les talens ; il veut, comme lui, faire notre bonheur : ah ! méritons qu'il ait auffi des Fils qui lui reffemblent !

NOTES.

NOTES.

(1) Le Précepteur du Dauphin, lui faisant un jour parcourir la table chronologique des Rois ses ancêtres, lui demanda auquel de tous il aimeroit mieux ressembler? *A S. Louis*, répondit-il aussitôt; *je voudrois bien devenir un Saint comme lui.* Fidèle à ce souhait de sa première jeunesse, jusqu'à sa mort, le Dauphin ne laissa passer aucun jour sans adresser à Dieu une prière particulière, pour le supplier de le rendre l'imitateur des vertus du religieux Monarque : & il ne se contentoit pas de prier.

(2) Louis XV avoit épousé en 1725, Marie Leczinska, fille de Stanislas, Roi de Pologne. Il en eut d'abord trois Princesses ; mais le trône étoit encore sans héritier. Le Roi & la Reine en demandoient un au Ciel par leurs prières & leurs bonnes œuvres ; & le 8 décembre 1728, jour de la Conception de la Sainte Vierge, ils communièrent avec l'intention particulière de l'obtenir : le 4 septembre de l'année suivante, c'est-à-dire, neuf mois moins quatre jours après, le Dauphin vint au monde.

(3) La Duchesse de Ventadour avoit pris soin de l'enfance du Roi, qui crut ne pouvoir mieux reconnoître ses services, qu'en lui confiant celle des Princesses ses filles, & du Dauphin qui venoit de naître.

(4) On sait que les faits rapportés ici, ne sont point de ces fictions frivoles qu'un art mal-entendu se permet quelquefois pour relever la gloire d'un homme qu'on veut rendre célèbre ; & il eût été possible d'en citer bien d'autres non moins étonnans dans un Prince si jeune encore, & non moins dignes d'admiration.

D

(5) Le Dauphin eut le Comte, depuis Duc de Châtillon, pour Gouverneur ; l'Evêque de Mirepoix pour Précepteur ; les Comtes du Muy & de Polaſtron pour ſous-Gouverneurs ; M. l'Abbé de Saint-Cyr pour ſous-Précepteur, & M. l'Abbé de Marbœuf pour Lecteur : & ce qui prouve combien ils étoient tous dignes de la confiance dont le Roi les honoroit, c'eſt que leur auguſte Elève en fit par la ſuite ſes amis les plus intimes.

(6) « Rien ne contribua plus efficacement à adoucir & former le caractère du Dauphin, dit le ſage Hiſtorien de ſa Vie, que l'étroite amitié qu'il lia avec Meſdames Henriette & Adélaïde. Ils ne ſe voyoient jamais aſſez ; leurs entretiens étoient toujours trop courts à leur gré ; & dans un de ces momens où ils s'ouvroient leurs cœurs avec cette aimable franchiſe que donne une confiance réciproque : *Mon frère*, dit Madame Henriette, *nous ſommes environnés de flatteurs intéreſſés à nous déguiſer la vérité : notre intérêt, pourtant, eſt de la connoître ; convenons d'une choſe : vous m'avertirez de mes défauts, je vous avertirai des vôtres.* La propoſition fut acceptée. »

(7) Jamais Prince ne deſira moins de régner que le Dauphin. *Je n'ai jamais été ébloui par l'éclat du Trône auquel ma naiſſance m'appeloit*, diſoit-il à ſon Confeſſeur, durant ſa dernière maladie, *parce que je ne l'ai jamais enviſagé que du côté des devoirs redoutables qui l'accompagnent, & des périls qui l'environnent.* Son expreſſion ordinaire, lorſqu'il parloit de ce qu'il feroit ſi Dieu l'appeloit au Gouvernement des Peuples, étoit : *Si j'ai le malheur de monter ſur le Trône.*

(8) Un jour le Roi voyant ſur ſa table pluſieurs Livres qui traitoient de la Juriſprudence criminelle : « Il y a » apparence, lui dit-il, que vous voulez vous faire re- » cevoir Avocat à la Tournelle. » *Sans prétendre au titre*, répondit le Dauphin, *je ne ſerois pas fâché d'avoir quel-*

que chofe des connoiffances d'un Avocat ; & la vie d'un homme eft un bien qui lui eft fi propre & fi précieux, qu'on ne fauroit trop approfondir les titres qui peuvent autorifer à l'en dépouiller.

(9) Le Duc de la Vauguyon, à l'occafion d'une Fête qui s'étoit donnée à Verfailles, difoit qu'il ne concevoit pas comment Affuérus avoit pu tenir à la fatigue des feftins qu'il donna, durant cent quatre-vingt jours, aux Grands de fon Empire. *Et moi*, dit le DAUPHIN, *je ne fais comment il a pu fubvenir à la dépenfe ; & je préfume que ce feftin de fix mois à fa Cour, aura été expié par un jeûne folemnel dans fes Provinces.* . . . . *Il faudroit*, difoit-il, dans une autre circonftance, à l'Ambaffadeur d'Efpagne, *il faudroit, pour qu'un Prince goûtât une joie bien pure au milieu d'un feftin, qu'il pût y convier toute la Nation, ou que du moins il pût fe dire, en fe mettant à table : AUCUN DE MES SUJETS N'IRA COUCHER AUJOURD'HUI SANS SOUPER.* Pour louer dignement le DAUPHIN, pour le faire bien connoître, il eût été mieux, peut-être, de rapprocher de pareils traits : cet excellent Prince fe fût peint lui-même ; & qui eût pu refufer d'applaudir à un tel Eloge ?

(10) Il fit plus. Dans une circonftance où, toutes fes reffources étant épuifées, il lui reftoit encore un nombre d'infortunés à fecourir, il ne crut pas qu'il fût indigne d'un DAUPHIN, dit l'intéreffant Auteur de fa Vie, de faire, par un motif de charité, ce que la paffion du jeu juftifie tous les jours aux yeux des Grands : il eut recours à l'emprunt ; & M. de Montmartel lui prêta une fomme qui devoit être bien confidérable, puifque le Prince, en ayant acquitté la plus grande partie, redevoit encore, en mourant, cent mille écus, dont Louis XV, à fa prière, ordonna le paiement.

(11) Il contribua à réparer les pertes immenfes qu'un

incendie avoit occasionnées dans deux fauxbourgs de Chartres. En 1750, il fit parvenir à l'Evêque de cette ville des secours abondans pour les Habitans d'un canton du pays Chartrain, qu'un affreux ouragan avoit ravagé. En 1752, la disette s'étant fait sentir dans les environs d'Angers, il envoya à l'Evêque une grande quantité de riz, pour être distribuée aux Pauvres de son Diocèse. A la naissance du Duc de Bourgogne, le premier de ses fils, il fit d'abondantes aumônes; & ayant appris que la ville de Paris destinoit une somme considérable aux Fêtes qu'elle préparoit, il représenta au Roi qu'il verroit avec peine *tant d'argent s'en aller en fumée.* Louis XV entra dans ses vues; les Fêtes furent moins fastueuses, mais on paya la dot de six cents pauvres Filles; & l'exemple de la Capitale fut suivi dans les Provinces.

(12) Jamais Prince ne craignit plus d'être à charge à la Nation; & cette crainte le portoit à refuser les sommes dont le Roi vouloit quelquefois le gratifier. On lui représentoit un jour que ses revenus étoient trop bornés, & qu'à son âge, le DAUPHIN, fils de Louis XIV, avoit cinquante mille francs par mois pour sa cassette. *Il ne me seroit pas difficile,* répondit-il, *d'obtenir du Roi la même somme; mais comme je ne la recevrois que pour la donner, j'aime mieux que le pauvre Laboureur en profite, & qu'elle soit retranchée sur ses Tailles.* Quand il fut guéri de sa petite vérole, le Roi ayant résolu de lui assigner une somme assez considérable, afin qu'il se procurât les petits agrémens capables d'adoucir les ennuis d'une convalescence qui devoit être longue, il ne voulut point la recevoir. *Je puis me passer de cette somme,* répondit-il, *& le pauvre Peuple en a besoin.* Etant à la chasse dans les environs de Compiègne, son Cocher voulut traverser une pièce de terre dont la moisson n'étoit pas encore levée; le DAUPHIN s'en étant apperçu, lui cria de rentrer dans le chemin. Le Cocher représenta qu'il n'arriveroit pas à

temps au rendez-vous : *Soit*, répondit le Prince ; *j'aime-*
rois mieux manquer dix rendez-vous de chaſſe, que d'occa-
ſionner pour cinq ſous de dommage dans le champ d'un pauvre
Payſan.

(13) Le DAUPHIN n'avoit que ſeize ans, & étoit tout
nouvellement marié, lorſque le Roi, cédant à ſa prière,
voulut qu'il fît avec lui la campagne de 1745. Arrivé au
Camp, il écoutoit beaucoup, parloit peu, obſervant tout,
& cherchant à s'inſtruire. Ce fut à la journée de Fontenoi
qu'il montra, pour la première fois, qu'il étoit l'héritier
de la valeur comme du ſceptre des Bourbons. Rien ne
l'intimida dans un ſpectacle ſi terrible, & ſi nouveau pour
lui. Dès le commencement de l'action, il vit, ſans effroi,
un boulet de canon renverſer & couvrir de terre, à quatre
pas de lui, M. d'Arbaud, qui fut depuis Colonel ; un autre
vint tomber à ſes pieds, ſans qu'il y prît garde ; & il ne
fit pas plus d'attention à un autre coup qui renverſa der-
rière lui un des Domeſtiques du Comte d'Argenſon : ce
qui l'occupoit tout entier, étoit l'action même. Dès les
premières décharges de l'ennemi, les Valets de l'armée
Françoiſe, que la peur avoit ſaiſis, s'étoient diſperſés dans
la campagne. Le DAUPHIN les voit, court à eux ; & les
prenant pour des Soldats, prières, menaces, tout eſt em-
ployé pour les ramener au combat. Au fort de l'action,
il ſupplia le Roi de lui permettre de s'avancer, à la tête
de ſa Maiſon, contre cette redoutable colonne que les
troupes Françoiſes ne pouvoient entamer : il eut le cha-
grin de voir rejeter ſa demande ; & comme on lui repré-
ſentoit, pour le conſoler, que ſa vie étoit trop précieuſe
à l'Etat : *Ma vie !* reprit-il en ſoupirant : *Ah ! ce n'eſt*
point la mienne, c'eſt celle d'un Général qui eſt précieuſe en
un jour de bataille. Un inſtant après, s'appercevant qu'en
certains endroits les troupes étoient pouſſées juſque ſur
les bords de l'Eſcaut, il ne put ſe contenir ; & oubliant
les ordres du Roi, il tire l'épée, s'échappe ; & croyant

déja voir les Guerriers ranimés par fa préfence, il leur crie d'un ton de voix plein de feu : *Marchons, François : où eft donc l'honneur de la Nation ?* On eut bien de la peine à le ramener auprès du Roi, qui le fit refter à fes côtés jufqu'à la fin de la bataille.

(14) On vit, à ce camp, le DAUPHIN diriger les travaux comme le plus habile Ingénieur ; commander les évolutions avec la dignité d'un Roi, le ton, l'aifance & la précifion du Capitaine le plus confommé. Le Prince de Condé lui faifoit compliment de la manière dont il avoit paru à la tête de fon Régiment, & de l'air martial qu'avoient tous fes Dragons. *N'eft-ce pas bien dommage,* lui dit le DAUPHIN en riant, *que je ne me fois pas trouvé, avec ces braves gens, dans des occafions plus brillantes ?* Voilà ce qui faifoit dire à M. le Maréchal de Broglie, qu'il n'a manqué à M. le DAUPHIN que l'occafion, pour fe montrer un des plus grands Héros de fa race.

(15) A peine eut-il appris la défaite de l'armée, qu'il écrivit au Roi, qui étoit alors à Saint-Hubert, pour lui demander la permiffion d'en aller recueillir les débris, & de venger cet affront. Il employoit dans fa Lettre les motifs les plus preffans, prévenoit les objections, & finiffoit par ces mots : *Je fuis fûr qu'il n'y a point de François dont le courage ne foit ranimé, & qui ne devienne invincible à la vue de votre Fils unique qui le mènera au combat.* Le Roi lui répondit : *Votre Lettre, mon Fils, m'a touché jufqu'aux larmes ; il ne faut pas fe laiffer accabler par les malheurs : c'eft aux grands maux qu'il faut de grands remèdes ; ceci n'eft qu'une échauffourée. Je fuis ravi de reconnoître en vous les fentimens de nos Pères ; mais il n'eft pas encore temps que je vous fépare de moi.*

(16) Cette Princeffe étoit Infante d'Efpagne. Le DAUPHIN l'époufa le 23 février 1745, & il la perdit à la fin de juillet 1746. Elle laiffoit une fille, qui ne lui furvécut

pas long-temps. Le DAUPHIN n'oublia jamais fa première époufe ; il fe la rappeloit encore dans les derniers jours de fa vie ; & il demanda que fon cœur fût mis auprès d'elle, dans l'Eglife de Saint Denis, *parce que*, difoit-il, *de toutes les perfonnes de ma famille que j'ai vu mourir avant moi, c'eft celle que j'ai le plus aimée.*

(17) Marie-Jofephe, troifième fille de Frédéric-Augufte, Roi de Pologne, Electeur de Saxe. Le DAUPHIN l'époufa le 9 février 1747 ; & il en eut huit enfans ; cinq Princes & trois Princeffes.

(18) Parcourant, avec M. l'Abbé de Saint-Cyr, une Brochure contre la Religion, il tomba fur un endroit qui avoit quelque chofe de féduifant. « Voilà, dit l'Abbé, un » fophifme que je ne me fouviens pas d'avoir jamais en- » tendu propofer. » *Comment, Monfieur le Docteur,* reprit auffitôt le DAUPHIN, *parce que cette vieille chicanne de Celfe eft habillée à la Françoife, vous ne la reconnoiffez pas ?* Il lui cita en même temps l'Auteur Eccléfiaftique qui l'avoit réfutée.

(19) A la première nouvelle du danger où étoit le DAUPHIN, on fit des prières publiques ; & il n'étoit pas rare de voir des perfonnes de tout fexe & de toute condition profternées au milieu de la place de Sainte Geneviève, dont l'Eglife étoit toute remplie de monde. Le Régiment des Dragons DAUPHIN, s'impofa un jeûne folemnel, & diftribua fa paie aux Pauvres.

(20) Ce fut à cette occafion que le DAUPHIN dit, avec fa douceur & fa modeftie ordinaires : *Hélas ! il y a fix mois que bien des gens me déteftoient : je ne l'avois pas plus mérité, que l'amour qu'on me témoigne à préfent.*

(21) Comme on le preffoit d'unir fes prières à celles que la Nation faifoit pour le rétabliffement de fa fanté : *Non,* répondit-il, *qu'on n'exige pas de moi que je demande à Dieu ma confervation ; je fens que cette prière me dessèche*

l'ame, & m'empêche de m'unir à Dieu avec la consolation que j'ai le bonheur d'éprouver, lorsque je ne lui demande que des graces de salut. Dans une autre circonstance, il disoit à M. Collet, son Confesseur : *Par la grace de Dieu, je ne me sens nulle attache à la vie. Je desirerois bien avoir une meilleure ame ; mais je me confie en la miséricorde infinie de Dieu.*

(22) Il dit à Madame la Dauphine & à Madame Adelaïde : *Je ne puis vous exprimer, mes Cœurs, combien je suis aise de partir le premier : je suis fâché de vous quitter ; mais je suis bien aise de ne pas rester après vous.* Récit de Madame la Dauphine.

(23) Le DAUPHIN mourut le 20 décembre 1765, à l'âge de trente-six ans, trois mois & seize jours.

F I N.